CATALOGUE

DU

MOBILIER ARTISTIQUE

Salle à manger Renaissance ; Salon Louis XV
Jardin d'hiver mauresque ; Salle de billard ; Salon japonais
Chambre à coucher ; Boudoir

RICHES TENTURES EN PELUCHE ET EN SOIE

Et mobilier de salon exécuté par la Maison PENON
Piano de PLEYEL
Objets du Japon et de la Chine
Grands Bronzes ; Émaux cloisonnés ; Tapis ; Carpettes orientales
Plantes rares

Le tout appartenant à M. *** et garnissant son hôtel

140, avenue Victor-Hugo, 140

OU LA VENTE AURA LIEU

LE JEUDI 18 MARS 1886

à deux heures précises

COMMISSAIRE-PRISEUR	EXPERT
Mᵉ PAUL CHEVALLIER	M. B. LASQUIN
10, rue Grange-Batelière, 10.	12, rue Laffitte, 12.

EXPOSITION PUBLIQUE : Le Mercredi 17 Mars 1886

DE 1 HEURE A 5 HEURES

CONDITIONS DE LA VENTE

Elle sera faite au comptant.

Les acquéreurs payeront *cinq pour cent* en plus des prix d'adjudication.

L'exposition mettant le public à même de se rendre compte de l'état des objets, aucune réclamation ne sera admise une fois l'adjudication prononcée.

Paris. — Imp. de l'Art. E. Ménard et J. Augry
41, rue de la Victoire, 41

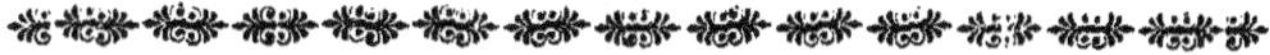

DÉSIGNATION DES OBJETS

REZ-DE-CHAUSSÉE

VESTIBULE

1 — Portemanteau - porte - parapluies en chêne sculpté.

2 — Dix chaises en chêne sculpté, garnies de canne.

SALLE A MANGER

3 — Beau parement de cheminée, de style Renaissance, en bois de noyer, composé de panneaux, d'ornements et de pilastres.

4 — Grand et beau buffet à deux étagères avec fronton, en bois sculpté en haut-relief, dans le style de la Renaissance.

Le corps du meuble offre sur la face trois cariatides d'hommes supportant un entablement orné de figures dans des cartouches et de trois têtes chimériques détachées.

Les portes représentent les figures de Vénus et d'Apollon au milieu d'ornements et de deux figures d'enfants terminées en Hermès.

Les supports des étagères sont formés de griffons fantastiques, et le fronton représente les figures de Mars et de Minerve, des enfants génies et deux lions héraldiques.

5 — Table carrée de style Henri II, à pieds balustres godronnés et reliés par des traverses supportant des arceaux.

6 — Dressoir de même style que la table qui précède.

7 — Douze chaises de style Henri II, en noyer, à pieds fuselés et cannelés, garnies de cuir gaufré et cloutées de cuivre.

8 — Belle suspension de style Renaissance, en cuivre poli, à cariatides ailées, avec sa lampe et neuf petits bras porte-bougies.

9 — Deux beaux candélabres en bronze, à patine verte et marbres divers, attribués à Thomire.

Ils sont formés chacun d'un groupe des Trois

Grâces supportant un vase d'où s'échappent six branches de rinceaux porte-lumières.

Elles sont debout sur des fûts en marbre blanc et marbre griotte ornés d'appliques, d'un tore de lauriers et reposant sur trois lions couchés également en bronze vert.

10 — Tapis en moquette, à rinceaux sur fond noir, couvrant la salle à manger.

SALON [1]

Ce salon est décoré dans le style Louis XV. Les murs sont ornés de peintures décoratives représentant les Saisons.

11 — Deux très riches garnitures de fenêtres et d'une grande baie d'entre-deux, en peluche de soie bleu turquoise et soie bleu clair avec doublure de satinette marabout et de molleton, gracieusement drapées et relevées par des cordages en tresse de soie, avec garnitures de passementerie assorties.

12 — Très bel ameublement de salon de style Louis XV, à ornements rocaille, en bois de noyer finement sculpté et relevé de dorures, avec garniture de satin bleu clair uni.

1. L'ameublement du Salon a été exécuté par la maison Penon.

Il est composé de :

Un milieu formé de deux canapés adossés reliés par une jardinière;

Deux tables demi-lune garnies de peluche drapée sont appliquées sur les côtés de ce meuble;

Un petit canapé;

Deux fauteuils;

Deux chaises garnies.

13 — Quatre chaises légères, en bois sculpté et doré, de même style que le meuble qui précède. Deux sont garnies de satin rose et les deux autres de satin bleu clair.

14 — Jolie console de style Louis XV en bois de noyer sculpté relevé de dorure, à dessus de marbre jaune veiné.

15 — Petite table ronde à pieds contournés de même style, complétant l'ameublement de salon décrit ci-dessus.

Elle est recouverte d'un tapis en peluche bleu turquoise appliquée de broderies orientales en argent.

16 — Quatre fauteuils confortables garnis de satin bleu clair uni et de peluche bleu turquoise.

17 — Piano droit en palissandre, de chez Pleyel, avec revers garni de peluche.

18 — Fût de colonne garni de peluche bleu turquoise.

19 — Deux supports à trépied de style Renaissance en cuivre, avec jardinières en barbotine à fleurs en relief.

20 — Écran chinois en bois de fer finement découpé à jour, avec feuille en émail cloisonné décorée d'arbustes et d'oiseaux sur fond bleu turquoise.

21 — Glace d'entre-deux encadrée de peluche bleu turquoise.

22 — Deux lampes montées sur des vases en ancien bronze du Japon, à deux anses têtes chimériques, oiseaux et arbustes en relief.

23 — Grand lustre à douze lumières en verre de Venise.

24 — Deux vases à fleurs de formes variées et une coupe en verre de couleur, l'un rouge rubis, l'autre à reflets irisés.

25 — Coupe en verre bleu décorée de fleurs et d'oiseaux.

26 — Jardinière en barbotine à fleurs en relief.

27 — Deux vases cylindriques, en porcelaine de Chine décorée à dragons et fleurs sur fond bleu.

28 — Deux lampes en porcelaine, à décor de style persan.

29 — Deux autres lampes en faïence décorées, de style chinois.

30 — Deux vide-poche en faïence décorée, l'un en forme d'éventail, l'autre, feuille de chou.

31 — Dessus de piano en velours rouge et olive, appliqué de broderies de soie à fleurs.

32 — Deux coussins, l'un en satin blanc, appliqué de fleurettes, l'autre en peluche marron, orné de broderies.

33 — Tapis en moquette, bouquet de roses, couvrant le salon.

JARDIN D'HIVER

DE STYLE MAURESQUE

34 à 39 — Six divans: quatre sont recouverts de bourre de coton de différentes nuances et de style oriental, les deux autres sont recouverts de carpettes orientales.

40 — Tentures de deux baies et d'une portière en bourre de coton, de style oriental.

41 — Deux fauteuils et deux chaises garnis de moquette persane.

42 — Deux poufs carrés, recouverts de peluche olive appliqués, l'un d'un velours vénitien et l'autre d'une broderie turque.

43 — Vingt coussins en diverses étoffes anciennes et broderies d'Orient. (Ce lot sera divisé.)

44 — Sept carpettes orientales. (Ce lot sera divisé.)

45 — Guéridon décagone, de travail turc, en incrustations de nacre, de bois, d'écaille et de marbres de couleurs.

*

46 — Cinq petites tables hexagonales, de même travail. (Seront vendues séparément.)

47 — Deux supports en terre émaillée de Chine.

48 — Grand flambeau persan, en cuivre, découpé à jour et gravé, servant de support de lampe.

49 — Autre plus petit.

50 — Deux lampes de suspension, de même travail.

51 — Deux rondaches et deux casques persans.

52 — Fût de colonne, garni de peluche rouge et verte.

53 — Deux autres gros fûts, supports de jardinières, garnis de peluche.

54 — Plantes rares garnissant le jardin d'hiver.

SALLE DE BILLARD

55 — Grand billard en bois de noyer, à bandes américaines, de chez Palisson, avec queues, porte-queues et jeux de billes.

56 — Suspension à deux lampes pour billard.

57 — Trois divans avec leurs coussins en étoffe à fleurs, sur fond vieil or.

58 — Étagère d'encoignure, garnie de même étoffe.

59 — Deux garnitures de fenêtres de même étoffe.

60 — Table anglaise à thé, en bois de noyer.

61 — Deux tables à jeu, en bois noir et en palissandre.

62 — Deux fauteuils pliants, garnis de broderies, cinq chaises façon bambou et une table pliante en bois noir.

63 — Tapis couvrant la salle.

PREMIER ÉTAGE

SALON JAPONAIS

(Ce salon est décoré de magnifiques tentures anciennes en broderie chinoise).

64 — Grande étagère à quatre tablettes, en laque de Chine, décorée d'oiseaux et d'arbustes en laque d'or sur fond noir.

Le bas du meuble est à trois tiroirs.

65 — Deux petites tables-supports, de travail chinois, en bois de fer sculpté et découpé, avec tablette d'entrejambes et dessus de marbre.

66 — Petite table analogue à la précédente, celle-ci à pieds contournés.

67 — Petite table basse, de style chinois, à croisillon d'entrejambes.

68 — Deux beaux fauteuils chinois en bois sculpté à dossier découpé à jour, à grecques et arabesques, montants et bras terminés par des têtes de Chimères. Les sièges sont garnis de broderies d'or et de soie sur fond de satin rouge et de satin bleu.

69 — Chaise longue en satin noir à torsades, recouverte d'une belle broderie chinoise en or et en soie de couleurs sur satin rouge, représentant le Dragon impérial au milieu de flammes, et divers ornements et insignes impériaux, le dossier formé d'une broderie japonaise.

70 — Table pliante à pieds en X, en bambou doré, supportant un grand plateau en laque de Chine, représentant un personnage domptant un hippopotame.

71 — Cabinet formant étagère, en laque de Chine, garni de ferrures en cuivre gravé et argenté.

72 — Deux supports-trépieds, de style chinois, en bois noir.

73 — Deux petites tables pliantes, en bois noir et dessus d'étoffe.

74 — Beau paravent à quatre feuilles, en bois noir découpé et gravé et broderies chinoises en or et soie de couleurs à médaillons de fleurs et d'arabesques sur fond clathré.

75 — Trois flambeaux formés chacun d'une figure d'homme aux bras et aux jambes démesurément allongés, en bois sculpté et peint de travail japonais.

7\) — Groupe de deux figures japonaises, en compo-
sition peinte, l'une assise, l'autre debout tenant
un rouleau.

77 — Deux vases jardinières, en majolique, décorés
dans le goût japonais.

78 — Deux poufs, formés chacun de deux coussins
simulés superposés, recouverts de riches broderies chinoises et japonaises.

79 — Trois chaises légères en bambou doré.

80 — Tapis en moquette rouge, couvrant la pièce.

81 — Deux petits écrans japonais, à deux feuilles
chacun, en bois découpé et laqué.

82 — Petit cabinet japonais, en bois orné d'appliques en bronze.

83 — Divan, recouvert d'une carpette persane ancienne.

84 — Quatre coussins, en broderie chinoise d'or et
de soie sur satin de nuances variées.

BRONZES

85 — Très grande grue sacrée, en ancien bronze de la Chine, sur une table-support en bois noir.

86 — Deux grands et beaux vases en ancien bronze du Japon, de forme balustre à renflements et large orifice, garnis de deux anses formées de branches fleuries, et décorés d'animaux et d'arbustes en relief.

87 — Chien de Fô formant brûle-parfums en ancien bronze de la Chine. Il est accroupi, une patte posée sur une boule ajourée.

88 — Deux petits vases balustres, à cols évasés en ancien bronze du Japon, décorés de dragons en relief sur les flammes.

89 — Petit brasero en forme de vase, élevé sur un support en ancien bronze du Japon incrusté d'argent, la panse du vase offre une fleur et un fruit patinés en couleurs, et le couvercle est surmonté d'une chimère.

90 — Divinité assise sur un crapaud, en ancien bronze de la Chine et formant brûle-parfums.

ÉMAUX CLOISONNÉS

91 — Deux beaux vases à couvercles, de forme ovoïde, en ancien émail cloisonné de la Chine, décorés d'arabesques et de fleurs en couleurs sur fond bleu turquoise. Ils sont garnis de deux anses dragons en bronze doré.

92 — Deux plats ronds en émail cloisonné du Japon, décorés d'oiseaux aquatiques et de fleurs.

93 — Deux petits vases de même travail.

94 — Grande coupe ronde à piédouche en émail cloisonné du Japon, décorée d'un dragon et de rosaces.

POTERIES

95 — Deux beaux vases en ancienne poterie de Satzuma, de forme ovoïde, à deux réserves concaves ornées de fleurs en relief; ils sont décorés de plusieurs sujets à nombreuses figures : Réunion de lettrés en réception à la cour du Taïcoun.

96 — Deux grands vases en forme de potiches à couvercles, en poterie de Satzuma, décorés de scènes

familières dans des paysages avec rochers, avec
ornements d'or au col et à la base.

97 — Deux vases en poterie du Japon, décorés de
plantes aquatiques en couleurs et en relief sur
fond orné d'insectes et de papillons.

98 — Grand vase cylindrique en poterie de Satzuma,
représentant des figures de guerriers, avec bordures d'ornements haut et bas.

CHAMBRE A COUCHER

99 — Très riche tenture en satin bleu clair, à bandes
de fleurs brochées en couleurs sur fond noir.
Elle comprend : la tenture murale de la pièce ;
deux garnitures de fenêtres avec lambrequins ;
garniture de lit avec baldaquin ; passementeries
de soie assorties.

100 — Beau lit de milieu et armoire à glace et table
de nuit en bois de poirier noirci, à colonnettes,
moulures et petites consoles.

101 — Ameublement en satin noir capitonné, avec
bandes de fleurs brochées en soie de couleur. Il
comprend : un canapé, une chaise longue et deux
fauteuils.

102 — Quatre chaises légères en bois sculpté, garnies
de satin bleu clair capitonné.

103 — Grand écran en bambou avec feuille de satin
noir brodée en soie de couleurs à fleurs, volatiles
et oiseaux.

104 — Meuble d'entredeux en marqueterie de cuivre
et d'écaille, garni de bronzes.

105 — Table à volets en bois noir, marquetée de
cuivre et garnie de bronzes.

106 — Tapis en moquette rouge garnissant la
chambre.

BOUDOIR

107 — Deux jolies garnitures de fenêtres en broca-
telle de soie à ornements vieil or sur fond vert
d'eau avec bordures de satin havane, composées
chacune de deux rideaux et de lambrequins dra-
pés. Embrasses et passementeries assorties.

108 — Coquet ameublement recouvert de même étoffe
que les rideaux de fenêtre.

Il est composé d'un petit canapé et de quatre
petits fauteuils carrés à dossier bas.

109 — Causeuse de forme carrée recouverte de même
étoffe, avec encadrement formé d'une torsade en
peluche de soie.

110 — Deux petites tables garnies de peluche verte
et saumon.

111 — Quatre chaises légères en bambou noir et or
garnies de satin havane.

112 — Guéridon, jardinière et deux étagères d'encoi-
gnures en bambou noir et or.

113 — Deux coussins en satin cerise et velours violet
brodés.

114 — Tapis en moquette rouge couvrant le boudoir.

CABINET DE TRAVAIL

115 — Bibliothèque en chêne sculpté.

116 — Table Henri II, en noyer.

117 — Un canapé, deux fauteuils et deux chaises en
velours vert frappé et bois découpé de style
Henri II.

118 — Meubles de chambres de domestiques.

119 — Batterie de cuisine, etc.

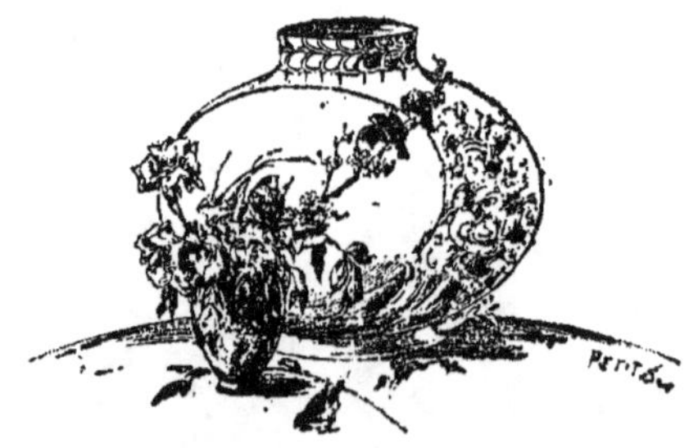